Genussmomente

COCKTAILS

**EIN BUCH DER
EDITION MICHAEL FISCHER**

INHALTS-VERZEICHNIS

GRUNDLAGEN 5
Hausbar-Must-haves 6
Kleine Gläserkunde 8
Technik & Barvokabular 10

REZEPTE
APERITIF, SPRITZ & CO. 13
Kir Royal 14
Bellini 16
Negroni 18
Limoncello Spritz 20
Birnen-Hugo 22

KLASSIKER 24
Caipirinha 24
Mojito 26
Cosmopolitan 28
Old Fashioned 30
Moscow Mule 32

FRISCH & FRUCHTIG 34
Strawberry Daiquiri 34
Mai Tai 36

Blue Hawaiian	38
Sex on the Beach	40
Passionsfrucht-Cointreau	42
Fruchtiger Sommercocktail mit Erdbeeren	44

SAHNIGE SÜNDEN — 46

Milktart-Martini mit Zimt	46
Don Pedro – Milchshake für Erwachsene	48
Brandy Alexander	50
White Russian	52

MOCKTAILS — 54

Tropischer Under-Palms-Mocktail	54
Oriental-Bliss-Mocktail	56
Free Mimosa	58
Ipanema	60
Blue-Moon-Milk	62

GRUNDLAGEN

HAUSBAR-MUST-HAVES

Selbst wer keine Karriere als professionelle*r Barkeeper*in anstrebt, wird schnell merken: Wer mit dem richtigen Equipment mixt, hat deutlich mehr Freude daran. Denn nicht nur gute und aromatische Zutaten machen das Cocktailmixen zu einem Erlebnis für sich, auch mit der richtigen Ausstattung in der eigenen Hausbar macht es gleich doppelt so viel Spaß.

SHAKER

Unabdingbar. Egal wie klein die Ausstattung einer Hausbar ist, ohne einen Shaker kommt man für gute Cocktails nicht wirklich weit. Denn viele Drinks (natürlich nicht alle) werden geschüttelt zubereitet. Es gibt verschiedene Arten, jedoch sollte man in jedem Fall zu einem Shaker aus Edelmetall greifen. So werden die Drinks deutlich kälter.

RÜHRGLAS

Ein großes Glas (wahlweise erhältlich mit Ausgießlippe) zum Zubereiten aller gerührten Drinks. Das Glasteil vom Boston Shaker kann als Rührglas verwendet werden.

STRAINER

Egal ob der Drink aus dem Shaker oder dem Rührglas kommt, alles wird durch den Strainer (Barsieb) in das Servierglas abgeseiht, um das Eis, das zur Zubereitung verwendet wird, aus dem Drink zu halten. Der Strainer ist so beschaffen, dass er sich durch seine Spiralfeder jeder Shaker- oder Glasgröße anpasst.

JIGGER

Besonders praktisch für Anfänger*innen ist der zweiteilige Messbecher. Der größere Teil fasst 4 cl, der kleinere 2 cl. Wer etwas übt oder schon länger Cocktails mixt, entwickelt bald ein Gefühl für die richtigen Mengen und kommt ggf. auch ohne Jigger aus.

BARLÖFFEL

Ein Löffel mit langem Stiel, der zum Rühren von Drinks, aber auch als Barmaß dient. Hierbei entspricht 1 Barlöffel 5 ml. Das flache Ende dient dazu, kleine, nicht zu harte Zutaten (wie Zuckerwürfel) zu zerstoßen.

EISZANGE

Mit dieser kleinen Zange lassen sich einzelne Eis- oder Zuckerwürfel sowie Fruchtdekorationen hygienischer bewegen.

BARMESSER

Zum Schneiden von Früchten. Am besten eignen sich kleine Exemplare.

MUDDLER

Den Muddler oder den Stößel, wie man ihn auch nennt, benutzt man, wie der Name schon sagt, zum Zerstoßen bzw. Zerquetschen von Früchten und/oder Eis. So treten beim „Muddeln" die Säfte aus.

FRUCHTPRESSE

Standpressen sind perfekt, um größere Zitrusfrüchte zu entsaften, aber auch die herkömmliche Handpresse tut ihren Dienst. So können Sie sicherstellen, dass auch wirklich nur frische Zutaten in Ihrem Drink landen!

KLEINE GLÄSERKUNDE

Das richtige Glas für jeden Drink zu finden ist wohl eine kleine Wissenschaft für sich. Als Hobby-Barkeeper*in kann man natürlich Gläser verwenden, die man gerade zur Hand hat. Wer allerdings Wert auf ein wenig exklusiven Flair beim Cocktailerlebnis legt, ist mit diesem kleinen Gläserguide bestens beraten.

1 APERITIFGLAS

Im herkömmlichen Sinn waren Aperitifgläser immer recht schmal und relativ hochgezogen (z. B. bei einem Ramazotti auf Eis). Da sich aber mittlerweile die Bar- und Drinkkultur stark gewandelt und erweitert hat, finden viele Aperitifcocktails ihren Weg in ausgefallenere Gläser (z. B. in ein Martiniglas, Champagnerglas oder auch eine Coupette).

2 COUPETTE

Geeignet für Shortdrinks, ursprünglich hauptsächlich zum Genuss von Champagner verwendet. Ironischerweise ist dieses Glas dafür aber alles andere als geeignet. Denn durch die große Fläche entweicht die Kohlensäure des Champagners sehr schnell. Das Resultat: Das edle Schaumgetränk verliert rapide an Geschmack. Deutlich besser eignet sich die Cocktailschale für aromenreiche Drinks, da sie durch die breite Öffnung dafür sorgt, dass beim Trinken alle Geschmackszonen auf der Zunge erreicht werden.

3 MARTINIGLAS

Optisch der Coupette ein wenig ähnlich, unterscheidet sich das Martiniglas durch seine spitz zulaufende Form. Erfunden wurde dieses Glas, als man auf der Suche nach einem besseren Gefäß für Martinis war. Gin im Martini braucht viel Luft zum Atmen und sollte möglichst lang kalt bleiben. Die konische Form mit langem Stiel war hierfür die perfekte Lösung.

4 LONGDRINK- & HIGHBALL-GLAS

Wie der Name schon sagt: Aus diesem Glas werden hauptsächlich Longdrinks getrunken. Wichtig für diese Drinks ist, dass das Behältnis, in dem sie serviert werden, genug Fassungsvermögen für Eiswürfel und den „Filler" hat. Es gibt breitere und schmalere Varianten. Die zweite ist in der Regel eher zu empfehlen, wenn man seine Drinks spritzig-sprudelig bevorzugt. Denn aus einem schmalen, hohen Glas kann die Kohlensäure nicht so schnell entweichen wie aus einem breiten Glas. Ein Highball ist eine kleinere Ausgabe des Longdrinkglases.

5 TUMBLER

Rund, kurz, breit, mit breitem Boden. Im Prinzip kann man vereinfacht sagen, dass es sich hierbei um ein halbiertes Longdrinkglas handelt. Ein Tumbler eignet sich für Shortdrinks und Spirituosen auf Eis („on the rocks"). Auch für einige Aperitifs wie beispielsweise den Negroni (s. S. 18) eignen sich diese Gläser gut.

6 BECHERGLAS

Ein kurzes Glas, das etwas höher als der Tumbler ist und oft für Fizzes verwendet wird. Daher manchmal auch Fizzglas genannt.

7 HURRICANE-, FANCY- & BALLONGLAS

Gläser in diesem Stil haben eine bauchige und geschwungene Form und werden für auffällige Drinks verwendet. So finden häufig Coladas und Punches ihren Weg in das Gefäß.

HINWEIS

Diese Übersicht dient natürlich nur zur Orientierung. Sie können für Ihre Cocktails die Gläser verwenden, die Sie zur Hand haben und die Ihnen gefallen.

TECHNIK & BARVOKABULAR

Sie wissen nun, in welchem Glas Sie Ihre Lieblingsdrinks oder die Ihrer Gäste servieren können. Jetzt geht es um die Frage, wie die Drinks ihren Weg ins Gefäß finden. Schließlich werden die einzelnen Bestandteile nicht einfach zusammengeschüttet. Im Anschluss eine kleine Übersicht über nützliche Techniken und Begriffe, die beim Cocktailmixen hilfreich sein können.

SHAKEN

Geshakte Drinks können entweder mit Eis (Wet Shake) oder ohne (Dry Shake) zubereitet werden. Durch die erste Methode sorgen Sie dafür, dass der Drink gekühlt und zum Teil mit Schmelzwasser in Verbindung gebracht wird. Grundsätzlich reichen zehn Sekunden kräftiges Schütteln. Bei Cocktails mit festeren Zutaten, wie etwa Ei oder Sirup, sollten es 20 Sekunden sein.

STIRRING UND RÜHREN

Cocktails, bei denen sich die Zutaten leicht verbinden und die eiskalt serviert werden müssen, werden im Rührglas zubereitet. Auch Drinks, die trüb werden, sobald sie im Shaker zubereitet werden, werden so zusammengerührt (z. B. ein Martini, auch wenn Mr Bond ihn explizit geschüttelt bestellt).

BUILT IN GLASS

Hier werden die Cocktails direkt im Trinkglas auf Eis „gebaut". Meist sind das Drinks mit einer Spirituose und einem Saft oder Longdrinks.

STRAINEN BZW. ABSEIHEN

Diese Methode wird bei praktisch allen Drinks angewendet, die im Shaker oder im Rührglas zubereitet werden. Der Strainer (s. S. 6) sorgt dafür, dass lediglich die Mixtur im Glas landet.

DOUBLESTRAIN BZW. FINE-STRAIN

Hier werden Drinks zusätzlich durch ein kleines Teesieb abgegossen, um selbst die kleinsten Eis- oder Fruchtfleischstückchen aus dem Getränk zu halten. Allein optisch erhält man so einfach einen sauberen Drink.

MIT ZITRUSZESTE ABSPRITZEN

Hier wird von einer Zitrusfrucht ein Stück von der Schale abgeschnitten und über dem Drink ausgedrückt. Der Cocktail wird so ganz fein mit den Zitrusaromen besprüht bzw. parfümiert.

CRUSTA

Manche Drinks werden mit einem Zuckerrand am Glas serviert. Dieser Rand nennt sich Crusta. Sie erzielen diesen Effekt, indem Sie den Glasrand anfeuchten und ihn in einen mit Zucker gefüllten Teller tauchen.

FLOATEN

Bei dieser Technik wird die letzte Flüssigkeit über den gezwirbelten Barlöffelstiel langsam in die bestehende Mischung gegeben. So entstehen optisch saubere Farbschichten, die nicht mehr zusammengerührt und direkt so serviert werden.

REZEPTE

KIR
Royal

FÜR 4 GLÄSER

- 4 cl Crème de Cassis
- 400 ml Champagner (eisgekühlt)
- 1 Bio-Orange
- 8 Blättchen Zitronenmelisse

SO GEHT'S

1 Crème de Cassis auf 4 Champagnergläser aufteilen und mit Champagner aufgießen.

2 Orange heiß abwaschen, trocken reiben und 4 dünne Zesten (z. B. mit dem Sparschäler) abziehen. Jede Zeste in der Mitte knicken, damit den Rand des Glases umfahren und anschließend in den Champagner geben.

3 Zum Schluss 2 Blättchen Zitronenmelisse in jedes Glas geben und den Kir Royal eiskalt genießen.

BELLINI

FÜR 2 GLÄSER

- 2–3 große, reife weiße Pfirsiche
- 6 Eiswürfel
- 200 ml gekühlter Sekt (alternativ Champagner)
- Pfirsichspalten (zum Garnieren)

SO GEHT'S

1 Für den selbst gemachten Pfirsichnektar die Pfirsiche gründlich waschen, vom Kern befreien und in 2 cm große Stücke schneiden.

2 Die Pfirsiche in ein Püriergefäß geben, glatt pürieren und bei Bedarf noch durch ein Sieb streichen. In Summe sollten 100–120 ml Pfirsichnektar entstehen.

3 Den Nektar mit Eiswürfeln in ein hohes Gefäß oder einen Shaker geben. Im Shaker shaken, damit er gekühlt wird. Alternativ in einem anderen Gefäß mit einem langen Löffel 1 Minute verrühren. Den Nektar anschließend ohne Eiswürfel auf zwei Gläser aufteilen.

4 Nun jedes Glas mit 100 ml Sekt auffüllen. Wenn sich der Nektar nicht sofort mit dem Sekt vermengt, vorsichtig mit einem Löffel umrühren, bis sich beides verbunden hat. Abschließend mit je 1 Pfirsichspalte garnieren und kalt servieren.

TIPP

Zusätzlich passt auch Himbeerpüree hervorragend zum Bellini.

NEGRONI

FÜR 1 GLAS

- große Eiswürfel
- 3 cl klassischer Gin
- 3 cl süßer roter Wermut
- 3 cl italienischer Bitterlikör (z. B. Campari)
- Orangenzeste oder -scheibe (zum Garnieren)

SO GEHT'S

1 Ein Glas, z. B. einen Tumbler, mit Eiswürfeln füllen.

2 Gin, Wermut und Bitterlikör in das Glas geben. Alles mit einem Löffel verrühren, mit einer Orangenzeste oder -scheibe garnieren und kalt genießen.

TIPP

Der Negroni ist ein absoluter Klassiker unter den Cocktails. Er ist um 1920 in Italien als eine Variante des Americano entstanden und wird als Aperitif getrunken. Für einen Americano einfach den Gin weglassen und nach Belieben mit etwas Mineralwasser aufgießen.

LIMONCELLO
Spritz

FÜR 4 GLÄSER

- 1 Bio-Limette (alternativ Bio-Zitrone)
- 150 ml Limoncello
- 200 ml Tonic Water (eisgekühlt)
- 400 ml Prosecco (eisgekühlt)
- 150 ml kohlensäurehaltiges Mineralwasser (eisgekühlt)
- 15 Eiswürfel

SO GEHT'S

1 Die Limette heiß abwaschen, trocken reiben und dann in Scheiben schneiden.

2 Den Limoncello mit Tonic Water, Prosecco und Mineralwasser sowie 7 Eiswürfeln gut verrühren.

3 In jedes Glas 2 Eiswürfel geben, den Drink durch ein Sieb eingießen und nach Belieben mit Limette garnieren.

TIPP

Dieser fruchtige Drink ist eine tolle Variante zum klassischen Spritz und die perfekte Erfrischung an einem heißen Sommertag! Er macht sich aber auch gut als Aperitif bei einer edlen Dinnerparty.

BIRNEN-
Hugo

FÜR 2 GLÄSER

Für ca. 80 ml Birnensirup
- 1 Zweig Thymian
- 150 ml Birnensaft
- 50 g Zucker

Für den Birnen-Hugo
- 1 Bio-Zitrone
- 200 ml gekühlter Prosecco
- 10 TL Birnensirup

Außerdem
- Eiswürfel (nach Belieben)
- gekühltes, kohlensäurehaltiges Mineralwasser (nach Belieben)
- 2 kleine Zweige Thymian

SO GEHT'S

1 Thymian waschen und trocken schütteln. Birnensaft, Zucker und Thymian in einen Topf geben und umrühren. Alles zum Köcheln bringen und 5 Minuten bei mittlerer Hitze auf etwa die Hälfte der Flüssigkeit reduzieren, bis ein Sirup entstanden ist. In ein Schälchen umfüllen und erkalten lassen.

2 Zitrone heiß waschen, trocken reiben und mit einem Sparschäler 2 Zesten abziehen. Die Zesten einmal in der Mitte knicken. Zitrone halbieren und 1 Hälfte auspressen.

3 In jedes Glas 5 TL Sirup, 1 TL Zitronensaft und 1 Zitronenzeste geben. Den Prosecco auf die Gläser aufteilen, dadurch vermengt sich der Sirup direkt mit dem Prosecco. Sollte das nicht der Fall sein, ganz behutsam umrühren.

4 Nach Belieben mit Eiswürfeln und gekühltem Mineralwasser auffüllen. Die Gläser mit je 1 Zweig Thymian garnieren und sofort eiskalt servieren.

TIPP

Den restlichen Sirup im Kühlschrank aufbewahren und z. B. mit Wasser aufgefüllt für Limonade verwenden.

CAIPIRINHA

FÜR 1 GLAS

- 1 Bio-Limette
- 1–2 Barlöffel brauner Zucker
- 5 cl Cachaça
- Crushed Ice
- Minzblätter (zum Garnieren)

SO GEHT'S

1 Die Limette heiß abwaschen, trocken reiben und dann achteln, die Stücke mit dem Zucker in ein Becherglas geben und mit einem Stößel gut muddeln (s. S. 7). Den Cachaça darübergießen und mit dem Barlöffel verrühren.

2 Das Glas mit Crushed Ice auffüllen und noch mal verrühren. Optional noch mit etwas frischer Minze garnieren und servieren.

TIPP

Um möglichst viel Saft aus der Limette zu bekommen, pressen Sie die Achtel am besten mit einer Handpresse aus. Alternativ zum braunen Zucker können Sie dieses Rezept auch mal ganz nach brasilianischer Tradition mit weißem Rohrzucker oder Rapadura versuchen.

MOJITO

FÜR 1 GLAS

- ½ Limette
- 2 Barlöffel Puderzucker
- 1 Stängel Minze (mit ca. 10 Blättern)
- Eiswürfel
- 6 cl weißer Rum
- Soda

SO GEHT'S

1 Die Limettenhälfte mit der Saftpresse auspressen und den Saft in einem Becherglas mit dem Puderzucker gut verrühren.

2 Ein paar Minzblätter für die Garnitur beiseitelegen, dann den Minzstängel samt der restlichen Blätter mit einem Stößel im Glas andrücken. Mit Eiswürfeln auffüllen, den Rum dazugießen, umrühren und mit Soda aufgießen.

3 Mit Minzblättern garnieren und servieren.

TIPP

Da dieser Cocktail aus Kuba stammt, lohnt es sich, hierfür auch einen echten kubanischen Rum zu verwenden. Sie werden den Unterschied schmecken.

COSMOPOLITAN

FÜR 1 GLAS

- 6–7 Eiswürfel
- 4 cl Wodka
- 1–2 Bio-Zitronenzesten
- 1 cl Cointreau
- 2 cl Limettensaft
- 2 cl Cranberrynektar
- 1 Bio-Limettenscheibe (zum Garnieren)

SO GEHT'S

1 Einen Shaker mit Eiswürfeln befüllen und alle Zutaten (bis auf die Limettenscheibe) dazugeben. Die Mischung mindestens 15 Sekunden kräftig schütteln.

2 Den Drink in ein vorgekühltes Martiniglas oder eine Coupette abseihen und mit der Limettenscheibe garnieren.

TIPP

Erstmals tauchte der Cosmopolitan unter diesem Namen 1934 auf. Allerdings enthielt die Rezeptur damals Gin anstelle von Wodka. Versuchen Sie es doch auch einmal in der Ursprungsversion!

OLD *Fashioned*

FÜR 1 GLAS

- 1 Zuckerwürfel
- 2 Spritzer Angosturabitter
- ¼ Bio-Orange
- ¼ Bio-Zitrone
- 5 cl Bourbon Whiskey
- Eiswürfel
- Soda
- 1 Cocktailkirsche (auf einem Stick; zum Garnieren)
- 1 Bio-Zitronenschale (zum Garnieren)

SO GEHT'S

1 Den Zuckerwürfel mit Angostura tränken, dann mit der Orange und der Zitrone in einen Tumbler geben und mit einem Stößel muddeln (s. S. 7).

2 Den Bourbon darübergießen, mit dem Barlöffel gut verrühren und ein paar Eiswürfel dazugeben.

3 Mit Soda auffüllen, noch einmal umrühren und mit der Kirsche und der Zitronenschale garnieren.

MOSCOW
Mule

FÜR 1 GLAS

- Eiswürfel
- ½ Bio-Limette
- 5 cl Wodka
- 200 ml Ginger Beer
- 1 Bio-Limettenschale (zum Garnieren)

Außerdem
- Kupferbecher

SO GEHT'S

1 Einen Kupferbecher mit Eiswürfeln füllen. Aus der Limettenhälfte den Saft über dem Becher auspressen und die Limette mit in den Becher geben.

2 Zuerst den Wodka, dann das Ginger Beer dazugeben und mit der Limettenschale garnieren.

TIPP

Für einen Munich Mule verwenden Sie anstelle des Wodkas die gleiche Menge Gin und garnieren den Drink mit einem Gurkenschnitz.

STRAWBERRY
Daiquiri

FÜR 1 GLAS

- 2 große Erdbeeren
- 1 Bio-Limettenspalte
- 1 Barlöffel Puderzucker
- 5 cl weißer Rum
- 2 Spritzer Erdbeersirup
- Crushed Ice

Außerdem
- Standmixer

SO GEHT'S

1 Die Erdbeeren grob halbieren und den Saft der Limettenspalte direkt in den Standmixer pressen. Die restlichen Zutaten dazugeben und mit Crushed Ice auffüllen.

2 Alles gut mixen, in eine große Coupette füllen und servieren.

TIPP

Für ein bisschen Abwechslung kann hier gerne experimentiert werden: Himbeeren, Mango oder ein klassischer Daiquiri ganz ohne Obst – erlaubt ist, was schmeckt!

MAI
Tai

FÜR 2 GLÄSER

- 2 Bio-Limetten
- 5 cl dunkler Rum (z. B. Appleton Estate)
- 5 cl weißer Rum
- 4 cl Orangenlikör
- 2 cl Mandelsirup
- 2 cl Zuckersirup
- ca. 6 große Eiswürfel für den Shaker + 6 für die Gläser

SO GEHT'S

1 Die Limetten waschen, halbieren, 2 Scheiben abschneiden und für die Deko beiseitelegen. Den Saft der übrigen Hälften auspressen. Zusammen mit allen Zutaten in einen Cocktailshaker geben.

2 Den Shaker mit Eiswürfeln auffüllen und ca. 30 Sekunden shaken. Die Eiswürfel für die Gläser zerstoßen und auf die Gläser verteilen, den Cocktail in die Gläser gießen und je 1 Limettenscheibe hineinlegen.

TIPP

Weniger Hartgesottene können größere Gläser verwenden und diese nach Belieben mit Ananassaft auffüllen. Ein klassischer Mai Tai wird zwar nicht auf diese Weise gemixt, diese Zugabe macht den Cocktailklassiker aber wesentlich süßer und „softer".

BLUE
Hawaiian

FÜR 2 GLÄSER

- 100 ml weißer Rum
- 100 ml Blue Curaçao
- 250 ml Ananassaft
- 1 EL Kokoscreme (Cream of Coconut)
- ca. 12 große Eiswürfel für den Mixer + 4 für die Gläser
- 1 Ananas und 2 Holzspieße (nach Belieben)

Außerdem
- Standmixer

SO GEHT'S

1 Rum, Blue Curaçao, Ananassaft und Kokoscreme in einen Mixer geben. Mit Eiswürfeln auffüllen und 1 Minute mixen. Restliche Eiswürfel in 2 Gläser geben und mit dem Drink aufgießen.

2 Nach Belieben für die Deko 1 Ananas schälen und das Fruchtfleisch in Stücke schneiden, dabei den harten Kern entfernen. Einige Ananasstücke auf 2 Holzspieße stecken und die Cocktails damit garnieren. Den Rest der Ananas anderweitig verwenden.

SEX
on the Beach

FÜR 1 GLAS

- Eiswürfel
- 4 cl Wodka
- 4 cl Pfirsichlikör
- 4 cl Orangensaft
- 4 cl Cranberrynektar
- 2 cl Zitronensaft
- Crushed Ice
- 1 Bio-Zitronenscheibe (zum Garnieren)
- 1 Cocktailkirsche (auf einem Stick; zum Garnieren)

SO GEHT'S

1 Einen Shaker mit ein paar Eiswürfeln befüllen und alle flüssigen Zutaten dazugeben. Die Mischung kräftig schütteln.

2 Ein Hurricane- oder Cocktailglas mit Crushed Ice füllen und die Mischung darauf abseihen. Mit der Zitronenscheibe und der Kirsche garnieren.

PASSIONSFRUCHT-
Cointreau

FÜR 2 GLÄSER

- 1 Passionsfrucht (alternativ Maracuja)
- 2 cl Cointreau
- 2 cl fruchtiger Gin
- 400 ml Tonic Water
- 6 Eiswürfel
- 1 Bio-Orange

SO GEHT'S

1 Die Passionsfrucht halbieren und je eine Hälfte des Fruchtfleischs in ein Glas geben.

2 Cointreau und Gin hinzugeben. Alles mit Tonic Water aufgießen. Die Eiswürfel hinzufügen.

3 Die Bio-Orange heiß abwaschen. 1 Zeste abziehen, diese in der Mitte knicken, damit den Rand des Glases umfahren, danach in das Getränk geben.

4 Den Cocktail mit einem Löffel vorsichtig umrühren, damit sich die Kerne der Passionsfrucht im Glas verteilen und sich angenehm trinken lassen.

TIPP

Übrigens, Passionsfrucht ist nicht dasselbe wie Maracuja: Passionsfrüchte haben eine dunkle, rotviolette Schale und leuchtend gelbes Fruchtfleisch, während Maracujas eine helle, grüngelbliche Schale und dunkles Fruchtfleisch haben. Für diesen Drink passt beides ganz wunderbar, wobei Maracujas etwas größer sind und leicht säuerlich schmecken.

FRUCHTIGER
Sommercocktail mit Erdbeeren

FÜR 2 GLÄSER

- 100–150 g frische Erdbeeren
- ½ Zitrone
- 60 g Zucker
- 350 ml trockener Weißwein (alternativ Roséwein)
- Eiswürfel (nach Belieben)

Außerdem

- Stabmixer

SO GEHT'S

1 Erdbeeren waschen, von den Stielansätzen befreien, in grobe Stücke schneiden und (bis auf 2 Stück) in ein hohes Gefäß zum Pürieren geben. Zitrone auspressen und 2 EL des Saftes zusammen mit dem Zucker zu den Erdbeeren geben. Alles fein mit dem Stabmixer pürieren.

2 Das Erdbeermus auf 2 Gläser aufteilen (die sind groß genug, um auch noch Eiswürfel aufzunehmen). Anteilig mit Wein auffüllen, nach Belieben Eiswürfel hinzugeben und je 1 Erdbeerhälfte als Dekoration in den Cocktail legen. Unmittelbar servieren.

MILKTART-MARTINI
mit Zimt

FÜR 2 GLÄSER

- 150 ml gezuckerte Kondensmilch
- 250 ml Milch
- ½ TL Vanillemark
- Salz
- 1 TL gemahlener Zimt
- 1 ½ EL Zucker
- Eiswürfel
- 100 ml Wodka
- 2 Zimtstangen zum Garnieren

Außerdem
- 2 Martinigläser

SO GEHT'S

1 Kondensmilch und Milch in eine große Schüssel füllen. Vanillemark und 1 Prise Salz dazugeben.

2 Zimt und Zucker mischen. 2 Martinigläser am Rand leicht anfeuchten und in den Zimtzucker eintauchen.

3 Eiswürfel, Wodka und Milchmischung in einen Cocktailshaker geben. Deckel daraufsetzen und 20 Sekunden kräftig schütteln.

4 Die Mischung in die dekorierten Gläser füllen und mit jeweils 1 Zimtstange garnieren.

DON PEDRO
Milchshake für Erwachsene

FÜR 4 GLÄSER

- 450 g weiches Vanilleeis
- 120 g Sahne
- 60 ml Whisky
- Zartbitterschokolade

Außerdem

- Standmixer

SO GEHT'S

1 Vanilleeis mit Sahne und Whisky in einen Standmixer geben und gut durchmixen.

2 Schokolade fein raspeln. Don Pedro in Gläser füllen und die Schokolade darüberstreuen. Mit einem Strohhalm sofort servieren und genießen.

TIPP

Manche nennen ihn einen Cocktail und andere ein Dessert – der Don Pedro ist ein Milchshake für Erwachsene, der sich vor allem in Südafrika großer Beliebtheit erfreut. Meist wird er in einem Weinglas serviert, aber es kann natürlich jedes beliebige Glas verwendet werden.

BRANDY
Alexander

FÜR 1 GLAS

- 4–6 Eiswürfel
- 4 cl Cognac
- 2 cl Crème de Cacao
- 40 g Sahne
- geriebene Muskatnuss

SO GEHT'S

1 Einen Shaker mit Eiswürfeln befüllen und Cognac, Crème de Cacao und Sahne dazugeben.

2 Die Mischung etwa 20 Sekunden kräftig schütteln und in eine Coupette oder ein Martiniglas abseihen.

3 Mit etwas geriebener Muskatnuss bestäuben und servieren.

TIPP

Der Brandy Alexander ist eine Variante des klassischen Alexander, der wohl Anfang des 20. Jahrhunderts entstanden ist und mit Gin zubereitet wird. Er wird gerne als Dessertcocktail nach dem Essen serviert.

WHITE Russian

FÜR 1 GLAS

- 30 g Sahne
- 4–5 Eiswürfel
- 6 cl Wodka
- 3 cl Kahlúa

SO GEHT'S

1 Die Sahne leicht schlagen, sodass sie gerade noch flüssig ist.

2 Einen Tumbler mit Eiswürfeln füllen und den Wodka sowie den Kahlúa dazugeben. Mit dem Barlöffel umrühren, sodass sich alle Zutaten vermischen.

3 Anschließend vorsichtig die leicht geschlagene Sahne aufgießen, kurz rühren und servieren.

TIPP

Die Basis für den White Russian ist die Kombination aus Wodka und Kaffeelikör. Wer kein Fan von Sahne ist, kommt also mit der Variante des Black Russian auf seine Kosten, indem er sie einfach weglässt.

TROPISCHER
Under-Palms-Mocktail

FÜR 2 GLÄSER

- 100 g frische Ananas
- 1 Limette
- 200 ml Kokosmilch (aus der Dose)
- 6 Eiswürfel
- 1 Msp. gemahlene Tonkabohne
- kohlensäurehaltiges Mineralwasser

Außerdem
- Standmixer

SO GEHT'S

1 Die Schale der Ananas abschneiden, die Frucht halbieren, den Strunk entfernen und das Fruchtfleisch klein würfeln. Den Saft aus der Limette auspressen.

2 Ananaswürfel, Limettensaft, Kokosmilch, Eiswürfel und Tonkabohne in einem Standmixer ca. 2 Minuten fein pürieren.

3 Die Flüssigkeit auf 2 Gläser aufteilen und mit der gewünschten Menge Mineralwasser angießen. Fertig ist ein superleckerer, alkoholfreier Mocktail!

ORIENTAL-
Bliss-Mocktail

FÜR 2 GLÄSER

- ½ Granatapfel
- 1 Limette
- 2 EL Dattelsirup
- 500 ml kohlensäurehaltiges Mineralwasser
- 1 TL Rosenwasser (aus dem Reformhaus)
- 6 Eiswürfel

SO GEHT'S

1 Die Kerne aus dem Granatapfel herauslösen. Den Saft aus der Limette pressen.

2 Granatapfelkerne, Limettensaft, Dattelsirup, Mineral- und Rosenwasser gut verrühren.

3 Die Eiswürfel auf 2 Gläser verteilen und mit dem Oriental-Bliss-Mocktail aufgießen. Et voilà!

FREE Mimosa

FÜR 4 GLÄSER

- ½ Zitrone
- 1 Limette
- 1 TL Kokosblütenzucker
- 200 ml Orangensaft
- 8 Eiswürfel
- 100 g TK-Erdbeeren
- 1 Msp. gemahlene Vanille

Außerdem
- Standmixer

SO GEHT'S

1 Den Saft aus der Zitrone und der Limette auspressen. Den Zitronen- und Limettensaft mit Kokosblütenzucker, Orangensaft, 4 Eiswürfeln, Erdbeeren und Vanille in einen Standmixer geben und ca. 1 Minute fein pürieren.

2 Die Flüssigkeit und die restlichen Eiswürfel auf 4 (Sekt-)Gläser verteilen und servieren.

TIPP

Der bekannte Cocktail Mimosa besteht eigentlich aus Champagner und Orangensaft und ist ein sehr edles Getränk. Diese alkoholfreie Variante mit Erdbeeren, Limette und Vanille steht der Originalrezeptur in nichts nach.

IPANEMA

FÜR 1 GLAS

- 1 Bio-Limette
- 1 EL brauner Zucker
- Crushed Ice
- 20 cl Ginger Ale

SO GEHT'S

1 Die Limette halbieren, eine dünne Scheibe für die Garnitur abschneiden und beiseitelegen. Die restliche Limette achteln, in ein Longdrinkglas geben und mit einem Stößel muddeln (s. S. 7).

2 Zucker und Crushed Ice zu den Limetten ins Glas geben.

3 Mit Ginger Ale aufgießen und vorsichtig umrühren. Mit der Limettenscheibe garnieren.

TIPP

Der Ipanema, auch bekannt als Virgin Caipi, ist eine alkoholfreie Variante des Caipirinha – und der beste Beweis, dass ein erfrischender Drink auch komplett ohne Alkohol auskommen kann.

BLUE-MOON-
Milk

FÜR 1 GLAS

- 200 ml ungesüßter Kokos-Reis-Drink (alternativ Mandeldrink)
- 1 Msp. abgeriebene Schale einer Bio-Zitrone
- 1 TL Ahornsirup
- 1–2 Msp. blaues Spirulina-Pulver (aus dem Reformhaus oder Internet)
- 1 EL Zitronensaft
- ½ TL essbare, getrocknete Kornblumen-Blüten oder Rosenblüten (nach Belieben)

SO GEHT'S

1 Den Pflanzendrink mit der Zitronenschale und dem Ahornsirup in einem kleinen Topf auf ca. 70 °C erhitzen. Dann vom Herd ziehen und das blaue Pulver sowie den Zitronensaft hinzugeben und mit einem Schneebesen gut verrühren.

2 Die blaue Milch nach Belieben mit ein paar getrockneten Blüten bestreuen und genießen.

IMPRESSUM

Bibliografische Information der Deutschen Bibliothek.

Die Deutsche Bibliothek verzeichnet diese Publikation in der Deutschen Nationalbibliografie.

Detaillierte bibliografische Daten sind im Internet über http://www.dnb.de/ abrufbar.

Alle in diesem Buch veröffentlichten Abbildungen sind urheberrechtlich geschützt und dürfen nur mit ausdrücklicher schriftlicher Genehmigung des Verlags gewerblich genutzt werden. Eine Vervielfältigung oder Verbreitung der Inhalte des Buchs ist untersagt und wird zivil- und strafrechtlich verfolgt. Das gilt insbesondere für Vervielfältigungen, Übersetzungen, Mikroverfilmungen und die Einspeicherung und Verarbeitung in Elektronischen Systemen.

Die im Buch veröffentlichten Aussagen und Ratschläge wurden von Verfasser und Verlag sorgfältig erarbeitet und geprüft. Eine Garantie für das Gelingen kann jedoch nicht übernommen werden, ebenso ist die Haftung des Verfassers bzw. des Verlags und seiner Beauftragten für Personen-, Sach- und Vermögensschäden ausgeschlossen.

Bei der Verwendung im Unterricht ist auf dieses Buch hinzuweisen.

EIN BUCH DER EDITION MICHAEL FISCHER

1. Auflage 2023

© 2023 Edition Michael Fischer GmbH, Donnersbergstr. 7, 86859 Igling

Reihengestaltung: Yvonne Witzan
Projektleitung & Lektorat: Julia Bögelein, Johanna Ederer
Cover & Satz: Emilia Ruppel

Bilder: S. 2 (oben), 4, 12, 15, 17, 19, 23, 43, 45: ©Klara & Ida/Ravensburg; S. 3, 47, 49: ©Janina Lechner; S. 7: ©Hihitetlin/Shutterstock; S. 21: ©Katharina Küllmer; S. 2 (unten), 11, 25, 27, 29, 31, 33, 41, 51, 61 und Cover: ©Guido Schmelich; S.35: ©Goskova Tatiana/Shutterstock; S. 37, 39: ©Sabrina Sue Daniels; S. 53: ©Ekaterina_Molchanova/Shutterstock; S. 55, 57, 63: ©Maria Panzer; S. 59: ©ShotnCut/Shutterstock

Illustrationen: S. 6/7: ©Istry Istry/Shutterstock; S. 9: ©Alina1888/Shutterstock

Rezepte: S. 14, 16, 18, 22, 42, 44: Klara & Ida; S. 20: Katharina Küllmer; S. 36, 38: Nico Stanitzok; S. 46, 48: Ivana Sanshia Ströde; S. 54, 56, 58, 62: Epi Food

ISBN: 978-3-7459-1563-1

Gedruckt bei PNB Print SIA „Jansili", Silakrogs, Ropazu novads, LV-2133, Lettland

www.emf-verlag.de